THIS BOOK BELONGS TO

____

____

The Summer Math Success: PEMDAS – Order of Operations Workbook includes daily practice worksheets to enhance essential Math skills. This series is best for students to master important math concepts. After completing this workbook, the students will build problem solving and critical decision making skills and be able to recognize, understand the math problems and provide best possible solutions.

Moreover, this book is also best for teachers as well as parents to teach the basic and advanced math skills to children with daily math practice. This book is designed in a way that each worksheet can be graded with an opportunity to track the progress of the students.

Lastly, this book can be used in classroom for daily math activity, math practice, and math challenge or even for homework with parents. This book can also be used in **home-schooling by teachers and parents** for daily 20 to 30 minutes of Math Time.

We have provided the solutions for each worksheet in the back of the book to confirm the answers.

We hope you enjoy this summer with this wonderful book. Please also check our other Titles in the series.

Table of Contents

SUMMER MATH SUCCESS! GRADE 4 MULTIPLICATION AND DIVISON
SUMMER MATH SUCCESS! GRADE 3-5 MULTIPLICATION WORKBOOK
SUMMER MATH SUCCESS! GRADE 1-4 ADDITION SUBTRACTION MULTIPLICATION AND DIVISION
SUMMER MATH SUCCESS! GRADE 2-3 DIVISION WORKBOOK
SUMMER MATH SUCCESS! GRADE 3-6 FRACTIONS WORKBOOK
SUMMER MATH SUCCESS! GRADE 5 FRACTIONS AND DECIMALS WORKBOOK
SUMMER MATH SUCCESS! GRADE 3-6 MEASUREMENT UNIT CONVERSION WORKBOOK
SUMMER MATH SUCCESS! AGES 5-10 MATH LOGIC PUZZLES FOR KIDS
SUMMER MATH SUCCESS! GRADE 5-7 BEGINNING STATISTICS WORKBOOK
SUMMER MATH SUCCESS! GRADE 4-7 GEOMETRY WORKBOOK
SUMMER MATH SUCCESS! GRADE 1 MATH WORKBOOK
SUMMER MATH SUCCESS! GRADE 2 MATH WORKBOOK
SUMMER MATH SUCCESS! GRADE 3 MATH WORKBOOK
SUMMER MATH SUCCESS! GRADE 4 MATH WORKBOOK
SUMMER MATH SUCCESS! GRADE 5 MATH WORKBOOK
SUMMER MATH SUCCESS! GRADE 6 MATH WORKBOOK
SUMMER MATH SUCCESS! GRADE 7 MATH WORKBOOK
SUMMER MATH SUCCESS! KIDS AGES 3+ KINDERGARTEN MATH WORKBOOK
SUMMER MATH SUCCESS! GRADE 1-4 TIME AND MONEY WORKBOOK
SUMMER MATH SUCCESS! GRADE 6-8 PRE ALGEBRA WORKBOOK
INCLUDES DAILY PRACTICE WORKSHEETS WITH ANSWERS
ALL SEASONS MATH

SUMMER MATH SUCCESS

Name: ____________ Class: ________

PEDMAS

Find the solution.

1. $19 + 55 - 60 + 41 =$ ____________
2. $18 + 31 + 78 + 24 =$ ____________
3. $6 + 49 + 89 =$ ____________
4. $3 \times 50 \times 59 =$ ____________
5. $(-22) - 91 - (-74) =$ ____________
6. $(-68) + (-70) + 10 =$ ____________
7. $60 + 47^2 =$ ____________
8. $33 + (64 \times 89) =$ ____________
9. $(83^2) \times (84^2) + 18 =$ ____________
10. $(-3) + (-91) + 98 =$ ____________

SUMMER MATH SUCCESS

Name: ____________ Class: ________

PEDMAS

Find the solution.

1. $48 \times (50 - 78) =$ ____________

2. $80 + 62 + 33 =$ ____________

3. $49 \times (72 - 85) =$ ____________

4. $77 + 50 - (-29) =$ ____________

5. $(77 + 17) \div 71 =$ ____________

6. $22 \times 96 =$ ____________

7. $52 - 34 - (-47) =$ ____________

8. $60 + 21 + 15 =$ ____________

9. $51 + (-45) + (-74) =$ ____________

10. $6 + (-49) - (-89) =$ ____________

SUMMER MATH SUCCESS

Name: ____________ Class: ________

PEDMAS
Find the solution.

1. $51 + (-36) - (-46) =$ ____________
2. $(18 + 14)^2 + (48 + 16)^2 =$ ____________
3. $(50^2) \times (27^2) + 39 =$ ____________
4. $11 + 87 + 99 + 45 =$ ____________
5. $(-10) + (-96) + 27 =$ ____________
6. $(-36) \mid 28 + 36 =$ ____________
7. $88 + 27 - (1 + 82) =$ ____________
8. $(-78) + 54 - (-61) =$ ____________
9. $(15 \times 24) - (5 + 74) =$ ____________
10. $67 + 14 - 25 =$ ____________

SUMMER MATH SUCCESS

Name: ____________ Class: ________

PEDMAS
Find the solution.

1. $(78 + 20) \div 24 =$ ____________

2. $(-44) - 5 + 57 =$ ____________

3. $85 + 61 + 28 =$ ____________

4. $(-48) + (-39) + 24 =$ ____________

5. $35 + (-63 + 39) =$ ____________

6. $(-59) - 87 - (-1) =$ ____________

7. $27 + 23 + 65 =$ ____________

8. $(43^2) \times (74^2) + 74 =$ ____________

9. $62 + 97 + 82 + 23 =$ ____________

10. $35 + (-24) + 6 =$ ____________

SUMMER MATH SUCCESS

Name: ____________ Class: ________

PEDMAS

Find the solution.

1. $13 + 40 - 65 =$ ____________

2. $85(59 - 76) =$ ____________

3. $50 \times 65 + 41 =$ ____________

4. $16 + (-29) + 97 =$ ____________

5. $(56 + 45) \div 35 =$ ____________

6. $45 - 49 - (-82) =$ ____________

7. $8 + 75^2 =$ ____________

8. $(63 \times 27) - (4 + 42) =$ ____________

9. $(75 + 76) \div 45 =$ ____________

10. $59 \times 79 \times 29 =$ ____________

SUMMER MATH SUCCESS

Name: ____________ Class: ____________

PEDMAS
Find the solution.

1. $(32^2) \times (58^2) + 93 =$ ____________

2. $9 \times (77 + 66) =$ ____________

3. $92 \times 46 =$ ____________

4. $69 - (-14) - (-81) =$ ____________

5. $(-36) + (-3) + 91 =$ ____________

6. $56 + (-86) + (-37) =$ ____________

7. $(23 + 11) \div 83 =$ ____________

8. $32 + 91 - 85 =$ ____________

9. $13 + (-47) + (-39) =$ ____________

10. $38 + (-52 + 92) =$ ____________

SUMMER MATH SUCCESS

Name: ________________ Class: ________

PEDMAS

Find the solution.

1. $10 + 83 + 99 =$ ______________________

2. $90 + 65^2 + 48 + 34^2 =$ ______________________

3. $(88 + 68)^2 =$ ______________________

4. $48 + (-66) + 66 =$ ______________________

5. $(86 + 78)^2 + (20 + 89)^2 =$ ______________________

6. $41 + 73^2 + 81 + 61^2 =$ ______________________

7. $39 + (-29) + 40 =$ ______________________

8. $53 + 37 - 78 + 21 =$ ______________________

9. $(57 + 16)(49 + 51) =$ ______________________

10. $53 \times 42 + 57 =$ ______________________

SUMMER MATH SUCCESS

Name: ________________ Class: __________

PEDMAS
Find the solution.

1. $27 - (-66) - 50 =$ ____________

2. $82 + (59 \times 96) =$ ____________

3. $2 + 32 + 51 + 34 =$ ____________

4. $27 - 81 - (-43) =$ ____________

5. $(47^2) \times (54^2) + 87 =$ ____________

6. $28 + 77 + 72 =$ ____________

7. $20(96 + 13) =$ ____________

8. $24 + (29 \times 77) =$ ____________

9. $(21^2) \times (57^2) + 41 =$ ____________

10. $53 + (-17) + 48 =$ ____________

SUMMER
MATH SUCCESS

Name: ____________ Class: ________

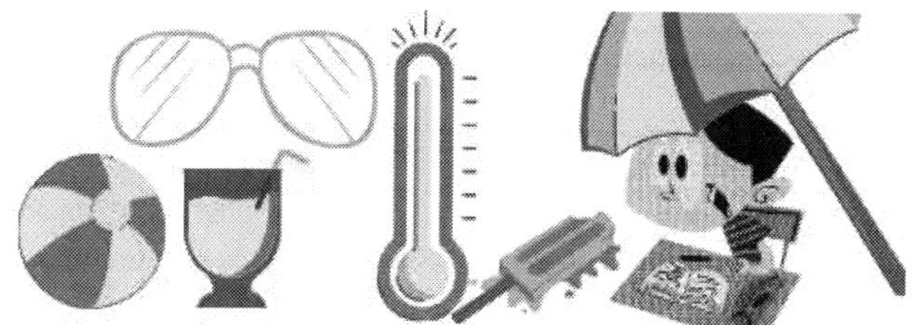

PEDMAS
Find the solution.

1. $20 + 2 - 9 =$ ____________

2. $(31 + 21) \div 57 =$ ____________

3. $85 + 46^2 + 32 + 37^2 =$ ____________

4. $(-36) - 77 - 49 =$ ____________

5. $(8 + 14)(43 + 21) =$ ____________

6. $6 + (-39) - (-40) =$ ____________

7. $(61^2) \times (78^2) + 35 =$ ____________

8. $85 \times (39 + 22) =$ ____________

9. $(7^2) \times (21^2) + 84 =$ ____________

10. $59 + (90 - 79) =$ ____________

SUMMER
MATH SUCCESS

Name: ________________ Class: __________

PEDMAS
Find the solution.

1. $21 + (-79) - (-12) =$ ____________

2. $11(-10 + 29) =$ ____________

3. $(-12) + (-27) + 8 =$ ____________

4. $32 + 58^2 + 79 + 85^2 =$ ____________

5. $41 + 67 - 23 + 92 =$ ____________

6. $98(-50 + 65) =$ ____________

7. $(-62) + 73 - 47 =$ ____________

8. $57 + 24 - 76 =$ ____________

9. $31 + (3 - 28) =$ ____________

10. $(23^2) \times (49^2) + 75 =$ ____________

SUMMER MATH SUCCESS

Name: ____________ Class: ________

PEDMAS

Find the solution.

1. $(52 + 58)^2 =$ ____________
2. $(21 \times 73) - (87 + 36) =$ ____________
3. $44 + 92 + 6 + 58 =$ ____________
4. $(-14) - 7 + 33 =$ ____________
5. $48 + 32 - (55 + 87) =$ ____________
6. $(-34) + 98 - (-9) =$ ____________
7. $(98 + 84)^2 + (82 + 83)^2 =$ ____________
8. $12 + (-19) + (-83) =$ ____________
9. $(11 + 49) \times (65 + 87) =$ ____________
10. $71 + 56 + 5 =$ ____________

SUMMER MATH SUCCESS

Name: ________________ Class: __________

PEDMAS
Find the solution.

1. $62 + (61 + 34) =$ ____________________

2. $10 + 24 + 19 + 41 =$ ____________________

3. $(77 + 80)^2 =$ ____________________

4. $99 - 59 - (-67) =$ ____________________

5. $75 + 38 - 62 =$ ____________________

6. $(69^2) \times (52^2) + 33 =$ ____________________

7. $43 \times (41 + 71) =$ ____________________

8. $42 + 51^2 + 28 + 27^2 =$ ____________________

9. $(43 \times 20) - (37 + 46) =$ ____________________

10. $(4 + 50) \div 62 =$ ____________________

SUMMER MATH SUCCESS

Name: ____________ Class: ________

PEDMAS

Find the solution.

1. $(91 + 56)^2 =$ ____________

2. $(45 + 54) \div 14 =$ ____________

3. $97 + (88 - 20) =$ ____________

4. $43 - (-26) - 93 =$ ____________

5. $(75 + 21) \div 20 =$ ____________

6. $(10 + 7)82 - 81 =$ ____________

7. $(98^2) \times (4^2) + 32 =$ ____________

8. $(-76) + 50 + 96 =$ ____________

9. $99 + 84(17 + 11) =$ ____________

10. $(84 + 77) \div 46 =$ ____________

SUMMER MATH SUCCESS

Name: ______________ Class: __________

PEDMAS
Find the solution.

1. $26 \times 61 \times 25 =$ ______________

2. $69 \times 92 =$ ______________

3. $(70 + 2)^2 + (42 + 78)^2 =$ ______________

4. $92 - 6 - (-32) =$ ______________

5. $(21^2) \times (77^2) + 15 =$ ______________

6. $7 + 49 - 54 + 29 =$ ______________

7. $81(-78 + 35) =$ ______________

8. $65 + (-79) + 81 =$ ______________

9. $59 + (59 - 69) =$ ______________

10. $(15 + 24)(10 - 52) =$ ______________

SUMMER MATH SUCCESS

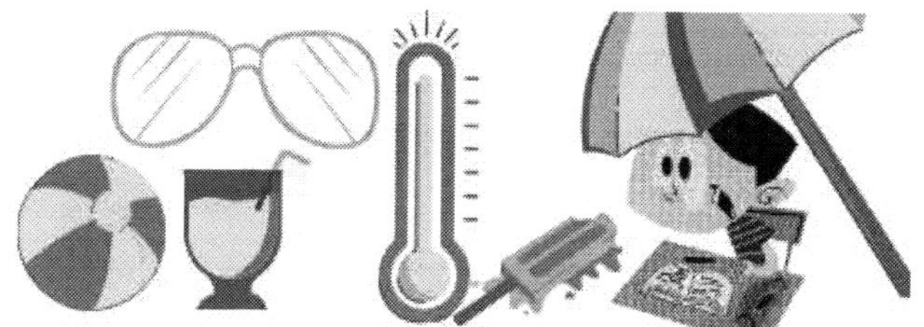

Name: ____________ Class: ________

PEDMAS

Find the solution.

1. $(-7) + (-85) + 40 =$ ____________

2. $(-79) + 96 + 84 =$ ____________

3. $(-36) + 88 + 34 =$ ____________

4. $(19 + 1) \times (40 + 69) =$ ____________

5. $91 + (95 \times 45) =$ ____________

6. $(-87) + 33 - (-12) =$ ____________

7. $33 + 27 + 55 =$ ____________

8. $83 + 54 + 55 =$ ____________

9. $64 + 71 + 98 =$ ____________

10. $81 \times 22 \times 47 =$ ____________

SUMMER MATH SUCCESS

Name: ____________ Class: ________

PEDMAS

Find the solution.

1. $27 \times 89 + 90 =$ ____________
2. $52 \times 37 =$ ____________
3. $(86 \times 15) - (21 + 79) =$ ____________
4. $40 + (-74) - (-3) =$ ____________
5. $82 + 42 - (-52) =$ ____________
6. $3 + 86 + 24 + 33 =$ ____________
7. $(-14) + 37 - (-7) =$ ____________
8. $(13^2) \times (71^2) + 84 =$ ____________
9. $73 + (60 \times 63) =$ ____________
10. $16 \times (6 + 85) =$ ____________

SUMMER MATH SUCCESS

Name: ____________ Class: ________

PEDMAS

Find the solution.

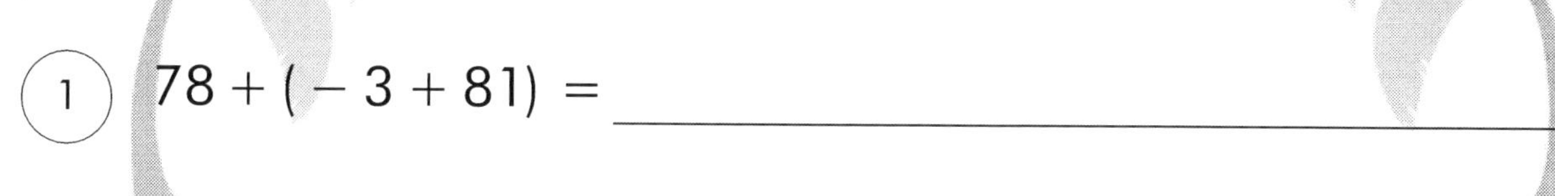

1. $78 + (-3 + 81) =$ ____________

2. $72 \times 13 \times 85 =$ ____________

3. $67 + 77 - (78 + 53) =$ ____________

4. $(78 + 30)61 - 97 =$ ____________

5. $21 \times (76 + 19) =$ ____________

6. $67 \times 64 =$ ____________

7. $(-27) - 52 - (-5) =$ ____________

8. $73 + 55^2 + 4 + 65^2 =$ ____________

9. $(-83) - 43 + (-86) =$ ____________

10. $(-10) - 84 + 6 =$ ____________

SUMMER MATH SUCCESS

Name: ______________ Class: __________

PEDMAS
Find the solution.

1. $38 + (-53) + 7 =$ ______________

2. $41 + 75 + 2 =$ ______________

3. $79 \times 89 + 73 =$ ______________

4. $34 + (-54) - 51 =$ ______________

5. $(-4) + 73 - 29 =$ ______________

6. $(27 + 69)48 - 2 =$ ______________

7. $25 + (91 - 68) =$ ______________

8. $(68 + 72)(75 + 4) =$ ______________

9. $39 \times 17 =$ ______________

10. $(45 + 20)^2 =$ ______________

SUMMER MATH SUCCESS

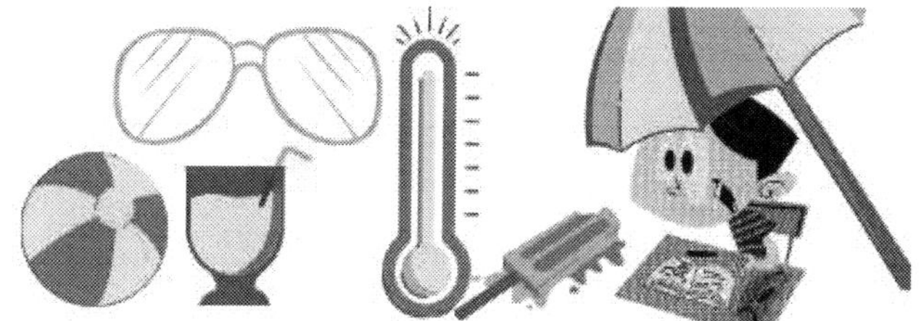

Name: ________________ Class: __________

PEDMAS
Find the solution.

1. $64 + (-96 + 37) =$ ____________________
2. $51 - (-51) - 5 =$ ____________________
3. $(54 \times 84) - (76 + 6) =$ ____________________
4. $(31 \times 24) - (86 + 67) =$ ____________________
5. $94 \times 70 =$ ____________________
6. $84 + 34 - 66 =$ ____________________
7. $71(63 - 63) =$ ____________________
8. $(44^2) \times (53^2) + 38 =$ ____________________
9. $78 \times 16 + 37 =$ ____________________
10. $(-7) + 8 - 78 =$ ____________________

SUMMER MATH SUCCESS

Name: ____________ Class: ________

PEDMAS

Find the solution.

1. $(-54) + 41 - 40 =$ ____________

2. $89 + 71 + 90 + 67 =$ ____________

3. $72(97 + 36) =$ ____________

4. $(14 + 96)^2 =$ ____________

5. $(19^2) \times (19^2) + 2 =$ ____________

6. $(-53) - 84 + 13 =$ ____________

7. $(73 + 88)^2 =$ ____________

8. $18 + (-78 + 68) =$ ____________

9. $27(25 + 67) =$ ____________

10. $(65 + 7)1 - 39 =$ ____________

SUMMER MATH SUCCESS

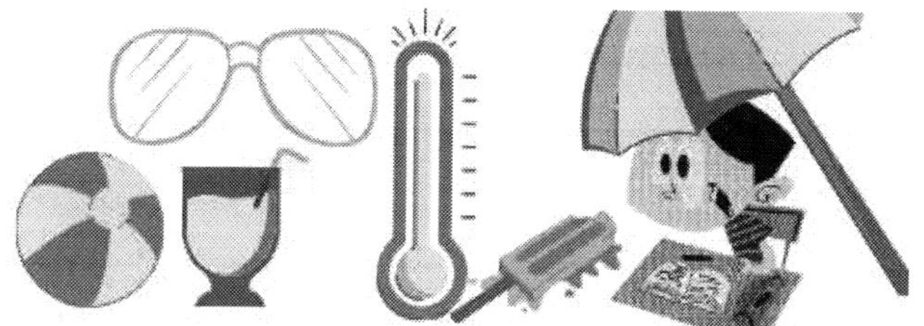

Name: ____________ Class: ____________

PEDMAS

Find the solution.

1. $49 \times 65 =$ ____________

2. $9(72 + 64) =$ ____________

3. $11 + (-39 + 2) =$ ____________

4. $59 \times (42 + 47) =$ ____________

5. $6 \times 48 + 81 =$ ____________

6. $32 \times (76 + 72) =$ ____________

7. $13 + (-65) - 5 =$ ____________

8. $25 + 60 + 71 =$ ____________

9. $(58 \times 69) - (1 + 1) =$ ____________

10. $96(11 + 79) =$ ____________

SUMMER MATH SUCCESS

Name: ______________ Class: __________

PEDMAS
Find the solution.

1) $29(64 - 47) =$ ______________

2) $(59 + 92)(62 + 65) =$ ______________

3) $15 + 90 - 32 =$ ______________

4) $50 + 91^2 =$ ______________

5) $99 + 62 - 63 + 88 =$ ______________

6) $93 + (-50) + (-4) =$ ______________

7) $(63^2) \times (11^2) + 42 =$ ______________

8) $90 + (-80 + 93) =$ ______________

9) $27(60 + 62) =$ ______________

10) $42 + 79 + 8 =$ ______________

SUMMER MATH SUCCESS

Name: ____________ Class: ________

PEDMAS
Find the solution.

1. $(-86) - 6 - (-79) =$ ____________

2. $30 + 56(21 + 83) =$ ____________

3. $(-22) - 52 - 59 =$ ____________

4. $19 - (-92) - 1 =$ ____________

5. $4 + 86^2 =$ ____________

6. $(73 + 67)(66 + 65) =$ ____________

7. $(2^2) \times (4^2) + 72 =$ ____________

8. $(12 + 25) \div 73 =$ ____________

9. $43 + 48 + 85 =$ ____________

10. $4 \times 75 =$ ____________

SUMMER MATH SUCCESS

Name: ______________ Class: __________

PEDMAS
Find the solution.

1. $(-76) + 41 + 89 =$ ______________

2. $(20 + 88) \div 84 =$ ______________

3. $49 + (47 + 89) =$ ______________

4. $87 + (-46) + (-46) =$ ______________

5. $(1 + 5)32 - 14 =$ ______________

6. $94 + 54^2 + 56 + 14^2 =$ ______________

7. $72 \times 97 \times 19 =$ ______________

8. $(-76) - 78 - 35 =$ ______________

9. $(96 + 72)^2 + (79 + 50)^2 =$ ______________

10. $(-62) + 16 + 30 =$ ______________

SUMMER MATH SUCCESS

Name: ____________ Class: ________

PEDMAS

Find the solution.

1. $(17 + 29) \times (35 + 83) =$ ____________

2. $91 - 95 - (-11) =$ ____________

3. $(42^2) \times (57^2) + 94 =$ ____________

4. $23 + 34 + 78 =$ ____________

5. $23 + 14^2 =$ ____________

6. $(41 + 54)^2 =$ ____________

7. $87 + 76 + 68 =$ ____________

8. $40 \times 26 \times 31 =$ ____________

9. $(-17) - 42 - 79 =$ ____________

10. $69 + (-31 + 2) =$ ____________

SUMMER MATH SUCCESS

Name: ______________ Class: __________

PEDMAS
Find the solution.

1. $(76 + 68)^2 + (9 + 5)^2 =$ ______________

2. $21 + 7^2 =$ ______________

3. $(25 + 47)(40 + 69) =$ ______________

4. $51 + (81 + 2) =$ ______________

5. $(-17) + (-33) + 56 =$ ______________

6. $(-91) + 98 - (-19) =$ ______________

7. $41 \times (12 + 26) =$ ______________

8. $80 + 40^2 + 39 + 27^2 =$ ______________

9. $3 - (-62) - 76 =$ ______________

10. $20 + 66 - (-97) =$ ______________

SUMMER MATH SUCCESS

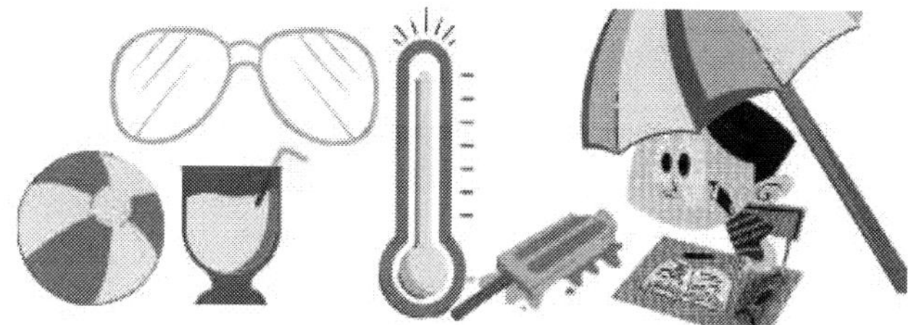

Name: ____________ Class: ________

PEDMAS

Find the solution.

1. $30 + (-61) + (-51) =$ ____________

2. $37 + 66 + 3 + 39 =$ ____________

3. $46 - 12 - (-49) =$ ____________

4. $25 + (10 \times 93) =$ ____________

5. $(-50) + 88 + 68 =$ ____________

6. $66 + (-93 + 4) =$ ____________

7. $(62 + 70) \times (20 + 4) =$ ____________

8. $53 \times 79 =$ ____________

9. $20 \times 17 =$ ____________

10. $33 + 25 + 70 + 89 =$ ____________

SUMMER MATH SUCCESS

Name: ________________ Class: __________

PEDMAS

Find the solution.

1. $31 \times 9 + 18 =$ ______________________

2. $(73 + 93)89 - 50 =$ ______________________

3. $12 + (-63) + 55 =$ ______________________

4. $16 + (7 - 55) =$ ______________________

5. $62 \times 10 \times 58 =$ ______________________

6. $97 + 58 + 47 =$ ______________________

7. $(-86) + (-6) + 21 =$ ______________________

8. $(41 + 59)^2 + (17 + 85)^2 =$ ______________________

9. $14 + (53 \times 69) =$ ______________________

10. $79 + 64(33 + 4) =$ ______________________

SUMMER MATH SUCCESS

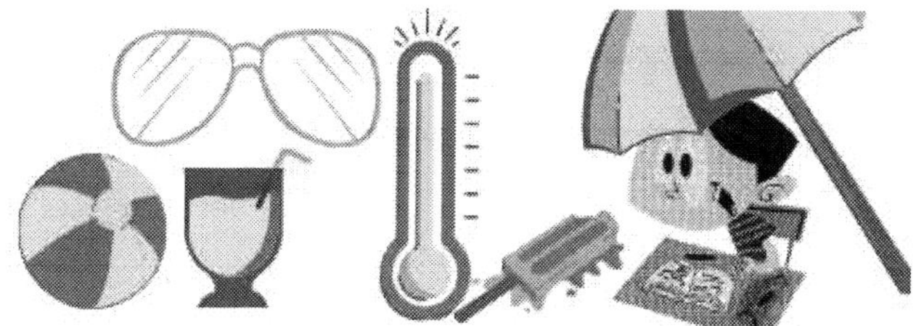

Name: ____________ Class: ________

PEDMAS

Find the solution.

1. $15(74 + 3) =$ ________________

2. $70 + 18 + 87 =$ ________________

3. $61 + 91^2 + 44 + 15^2 =$ ________________

4. $14 + 19^2 + 11 + 68^2 =$ ________________

5. $58 - 56 - (-8) =$ ________________

6. $(75 + 96)^2 =$ ________________

7. $43 - 83 - (-91) =$ ________________

8. $(82 + 3) \div 17 =$ ________________

9. $22 + (-98 + 72) =$ ________________

10. $(17^2) \times (72^2) + 16 =$ ________________

SUMMER MATH SUCCESS

Name: ________________ Class: __________

PEDMAS
Find the solution.

1. $88(21 + 18) =$ ______________________

2. $(90 + 20) \div 29 =$ ______________________

3. $43 \times 28 + 24 =$ ______________________

4. $78 - (-55) - 69 =$ ______________________

5. $(78 \times 79) - (24 + 91) =$ ______________________

6. $99 + 54 + 95 + 88 =$ ______________________

7. $89 \times (74 + 71) =$ ______________________

8. $98 + (-93 + 34) =$ ______________________

9. $(52 + 42) \div 74 =$ ______________________

10. $42 \times 92 + 79 =$ ______________________

SUMMER MATH SUCCESS

Name: ____________ Class: ________

PEDMAS

Find the solution.

1. $93 - 94 - (-61) =$ ______________________

2. $(51 + 6) \div 79 =$ ______________________

3. $3(92 + 15) =$ ______________________

4. $62 + (-1 + 78) =$ ______________________

5. $20 \times 14 + 49 =$ ______________________

6. $(19^2) \times (97^2) + 85 =$ ______________________

7. $77 + (2 + 54) =$ ______________________

8. $82 + 85^2 + 76 + 39^2 =$ ______________________

9. $44 - 83 - (-53) =$ ______________________

10. $27 \times 87 \times 57 =$ ______________________

SUMMER MATH SUCCESS

Name: ________________ Class: __________

PEDMAS

Find the solution.

1. $(-81) - 28 + (-30) =$ ____________________

2. $79 + 52 + 15 =$ ____________________

3. $82(22 + 47) =$ ____________________

4. $(-15) + 11 - 16 =$ ____________________

5. $(-54) - 89 - (-12) =$ ____________________

6. $(9 + 85)(12 + 62) =$ ____________________

7. $95 + 50^2 =$ ____________________

8. $66 + (-27) - (-5) =$ ____________________

9. $97(-46 + 74) =$ ____________________

10. $32 + 72 + 81 =$ ____________________

SUMMER MATH SUCCESS

Name: ____________ Class: ________

PEDMAS

Find the solution.

1. $2 + (-31) - 80 =$ ________________

2. $72 + 47 + 86 =$ ________________

3. $79 + (-56) + 70 =$ ________________

4. $(67 + 53)(31 + 66) =$ ________________

5. $77(89 - 15) =$ ________________

6. $1 + (-26) - 81 =$ ________________

7. $7 - 41 - (-50) =$ ________________

8. $50 + (65 - 60) =$ ________________

9. $(53^2) \times (12^2) + 90 =$ ________________

10. $17 + (-57) - 54 =$ ________________

SUMMER MATH SUCCESS

Name: ____________ Class: ________

PEDMAS

Find the solution.

1. $19 + 62 - 5 =$ ____________

2. $28 + (24 \times 91) =$ ____________

3. $27 + 74 + 59 =$ ____________

4. $(54 + 30)^2 + (15 + 80)^2 =$ ____________

5. $88 \times 52 \times 81 =$ ____________

6. $(15 + 12)^2 + (93 + 75)^2 =$ ____________

7. $88 + (-39) + 14 =$ ____________

8. $14 + 64 - 7 + 34 =$ ____________

9. $(84 + 70)^2 =$ ____________

10. $(28 + 46) \div 67 =$ ____________

SUMMER
MATH SUCCESS

Name: ____________ Class: ________

PEDMAS
Find the solution.

1. $58 + (-3 + 24) =$ ______________

2. $74 + 44 - 44 + 42 =$ ______________

3. $38 \times (72 - 43) =$ ______________

4. $64(36 + 78) =$ ______________

5. $(79 + 48)(90 + 64) =$ ______________

6. $(18^2) \times (57^2) + 43 =$ ______________

7. $4 \times 31 \times 9 =$ ______________

8. $(62^2) \times (44^2) + 41 =$ ______________

9. $66 + 64^2 =$ ______________

10. $(36 \times 77) - (75 + 32) =$ ______________

SUMMER MATH SUCCESS

Name: ____________ Class: ________

PEDMAS

Find the solution.

1. $56 + 3 + 3 =$ ____________

2. $35 + (62 + 43) =$ ____________

3. $(-40) + 54 - 73 =$ ____________

4. $(20 + 5)^2 =$ ____________

5. $43 + 13 - 27 + 94 =$ ____________

6. $62 + 30 - 4 + 77 =$ ____________

7. $78 \times 2 \times 95 =$ ____________

8. $67 + 33 - 46 + 7 =$ ____________

9. $97 + 38^2 =$ ____________

10. $1 + 74 + 56 =$ ____________

SUMMER MATH SUCCESS

Name: ____________ Class: ________

PEDMAS

Find the solution.

1. $82 \times 4 =$ ____________

2. $56 + (27 \times 47) =$ ____________

3. $59 + (54 - 17) =$ ____________

4. $(28 + 60)58 - 13 =$ ____________

5. $64 - 31 - (-61) =$ ____________

6. $(36 + 69) \div 89 =$ ____________

7. $55 \times (45 + 2) =$ ____________

8. $54 - (-99) - (-63) =$ ____________

9. $38 + 43 - (41 + 53) =$ ____________

10. $88 + 3(22 + 25) =$ ____________

SUMMER MATH SUCCESS

Name: ________________ Class: __________

PEDMAS
Find the solution.

1. $72 + (-15) + 97 =$ ______________________

2. $55 + (-36) + 40 =$ ______________________

3. $(14^2) \times (70^2) + 89 =$ ______________________

4. $(20 + 24) \div 78 =$ ______________________

5. $22 \times 29 \times 5 =$ ______________________

6. $92 + 88 + 5 =$ ______________________

7. $18 + 2(28 + 26) =$ ______________________

8. $38(33 - 58) =$ ______________________

9. $11 + 12^2 + 69 + 24^2 =$ ______________________

10. $63 + (90 + 7) =$ ______________________

SUMMER MATH SUCCESS

Name: ____________ Class: ________

PEDMAS

Find the solution.

1. $(-13) + (-3) + 1 =$ ______________________

2. $(-75) - 32 + 90 =$ ______________________

3. $(-87) - 20 + 18 =$ ______________________

4. $95 \times 31 =$ ______________________

5. $42 \times (93 + 47) =$ ______________________

6. $76 + 64 - 96 + 25 =$ ______________________

7. $29 + 44 + 46 =$ ______________________

8. $(-27) - 30 - 18 =$ ______________________

9. $76 + 41 + 48 =$ ______________________

10. $(20 + 27)^2 + (6 + 96)^2 =$ ______________________

SUMMER MATH SUCCESS

Name: ____________ Class: ________

PEDMAS
Find the solution.

1. $(5 + 45) \div 95 =$ ____________

2. $(75^2) \times (60^2) + 87 =$ ____________

3. $(34 + 10) \div 2 =$ ____________

4. $(86^2) \times (82^2) + 72 =$ ____________

5. $95 + 72^2 + 86 + 73^2 =$ ____________

6. $83 + 98 + 90 + 43 =$ ____________

7. $67 + 92 - 13 + 98 =$ ____________

8. $15 - (-79) - (-84) =$ ____________

9. $35 + (40 + 32) =$ ____________

10. $14 + 46 + 7 =$ ____________

SUMMER MATH SUCCESS

Name: ____________ Class: ________

PEDMAS

Find the solution.

1. $(20 + 14)^2 + (44 + 66)^2 =$ ____________

2. $(37 + 26) \div 63 =$ ____________

3. $49 + 84 + 88 =$ ____________

4. $(78 + 15) \div 12 =$ ____________

5. $33 \times 96 =$ ____________

6. $(61 \times 80) - (4 + 98) =$ ____________

7. $69 - (-69) - (-73) =$ ____________

8. $37 + 65 + 34 =$ ____________

9. $31 + 5^2 =$ ____________

10. $39 + (-41 + 82) =$ ____________

SUMMER MATH SUCCESS

Name: ____________ Class: ________

PEDMAS
Find the solution.

1. $77 \times 83 \times 29 =$ ____________

2. $58 + (-29) + 46 =$ ____________

3. $30 + 49 + 38 =$ ____________

4. $81 + 36^2 =$ ____________

5. $50 + 16^2 =$ ____________

6. $(41 + 56) \div 47 =$ ____________

7. $77 + (-78 + 32) =$ ____________

8. $6(22 + 25) =$ ____________

9. $9 \times (3 - 52) =$ ____________

10. $(49 + 58) \times (45 + 40) =$ ____________

SUMMER MATH SUCCESS

Name: ______________ Class: __________

PEDMAS
Find the solution.

1. $(88^2) \times (2^2) + 55 =$ ______________

2. $2 + 59 - 46 + 86 =$ ______________

3. $14 + 16^2 =$ ______________

4. $(-12) + 46 - 7 =$ ______________

5. $92 + 81 + 41 =$ ______________

6. $87 + 53^2 =$ ______________

7. $75 + 27^2 + 7 + 79^2 =$ ______________

8. $88 \times 84 \times 10 =$ ______________

9. $25 - (-91) - (-69) =$ ______________

10. $93 \times 26 \times 49 =$ ______________

SUMMER MATH SUCCESS

Name: ________________ Class: __________

PEDMAS
Find the solution.

1. $(65 + 36)(43 + 34) =$ ____________________

2. $(-94) - 6 + (-97) =$ ____________________

3. $86 + 16 - (3 + 40) =$ ____________________

4. $(12 + 17) \div 72 =$ ____________________

5. $(57^2) \times (99^2) + 17 =$ ____________________

6. $46 + (-76) - 68 =$ ____________________

7. $(77 \times 92) - (87 + 67) =$ ____________________

8. $41(43 - 8) =$ ____________________

9. $51 + 37 - (37 + 21) =$ ____________________

10. $(-29) + 26 - 70 =$ ____________________

SUMMER
MATH SUCCESS

Name: ____________ Class: ________

PEDMAS
Find the solution.

1. $(9 + 59) \times (85 + 27) =$ ____________

2. $(84^2) \times (44^2) + 87 =$ ____________

3. $22 + 47 - 80 =$ ____________

4. $(-79) - 72 - 48 =$ ____________

5. $75 \times 92 + 51 =$ ____________

6. $(97^2) \times (46^2) + 49 =$ ____________

7. $(78^2) \times (82^2) + 11 =$ ____________

8. $85 + 47 + 31 =$ ____________

9. $13 + (-54) + (-66) =$ ____________

10. $30(56 - 73) =$ ____________

SUMMER
MATH SUCCESS

Name: ________________ Class: __________

PEDMAS
Find the solution.

1. $(99^2) \times (82^2) + 46 =$ ______________________

2. $91 + 69 - 96 + 70 =$ ______________________

3. $58 + 65 + 22 + 49 =$ ______________________

4. $33 + 99 - 42 + 98 =$ ______________________

5. $73 + 39 + 95 =$ ______________________

6. $72 + 90 + 21 =$ ______________________

7. $(-91) + 91 - 7 =$ ______________________

8. $(84 \times 57) - (83 + 18) =$ ______________________

9. $10 + 92^2 =$ ______________________

10. $17 + (78 \times 57) =$ ______________________

SUMMER MATH SUCCESS

Name: ______________ Class: __________

PEDMAS
Find the solution.

1. $35 + (-25) + 61 =$ ______________

2. $16 + 23 - 59 + 10 =$ ______________

3. $19 - (-86) - (-95) =$ ______________

4. $3 + 29 + 8 =$ ______________

5. $90 - 39 - (-7) =$ ______________

6. $(12^2) \times (13^2) + 52 =$ ______________

7. $(49 + 72) \times (5 + 70) =$ ______________

8. $(76 + 70) \div 59 =$ ______________

9. $70 + 34 + 83 =$ ______________

10. $33 \times 56 + 6 =$ ______________

SUMMER MATH SUCCESS

Name: ________________ Class: __________

PEDMAS
Find the solution.

1. $30 + 83 - 54 =$ ____________________

2. $(-1) - 75 - 38 =$ ____________________

3. $(-2) + 49 + 51 =$ ____________________

4. $4 + 32 + 59 + 93 =$ ____________________

5. $30(-55 + 85) =$ ____________________

6. $(45 \times 64) - (89 + 75) =$ ____________________

7. $(35 + 53)^2 =$ ____________________

8. $39 \times 96 + 15 =$ ____________________

9. $82 - 35 - (-56) =$ ____________________

10. $83 + 69(52 + 94) =$ ____________________

SUMMER MATH SUCCESS

Name: ____________ Class: ________

PEDMAS

Find the solution.

1. $82(-52 + 74) =$ ______________________

2. $(55 + 33)(26 - 27) =$ ______________________

3. $38 + (96 \times 96) =$ ______________________

4. $69 + 25^2 + 39 + 76^2 =$ ______________________

5. $45 + (58 - 85) =$ ______________________

6. $(93^2) \times (4^2) + 45 =$ ______________________

7. $65 \times (81 + 51) =$ ______________________

8. $38 + 11 + 95 =$ ______________________

9. $55 + 68 + 63 =$ ______________________

10. $76 \times 80 =$ ______________________

SUMMER
MATH SUCCESS

Name: ____________ Class: ________

PEDMAS
Find the solution.

1. $46 + 73 + 56 =$ ______________

2. $25 + 24^2 + 59 + 98^2 =$ ______________

3. $42 + (-64 + 84) =$ ______________

4. $90 + (29 - 87) =$ ______________

5. $70 \times 1 \times 2 =$ ______________

6. $36 \times (45 + 38) =$ ______________

7. $71 \times 59 =$ ______________

8. $74 + 21(16 + 12) =$ ______________

9. $81 \times (39 + 6) =$ ______________

10. $58 + (-35) - 26 =$ ______________

SUMMER MATH SUCCESS

Name: ________________ Class: __________

PEDMAS
Find the solution.

1. $(27^2) \times (99^2) + 92 =$ ____________________

2. $(90^2) \times (29^2) + 55 =$ ____________________

3. $30 \times 71 + 85 =$ ____________________

4. $86 \times 16 \times 12 =$ ____________________

5. $38 \times 70 + 72 =$ ____________________

6. $53(40 + 14) =$ ____________________

7. $(42 + 20)(92 + 84) =$ ____________________

8. $(29^2) \times (58^2) + 46 =$ ____________________

9. $(35 + 72)^2 + (51 + 92)^2 =$ ____________________

10. $6 + 24 + 57 + 1 =$ ____________________

SUMMER MATH SUCCESS

Name: ____________ Class: ________

PEDMAS
Find the solution.

1. $49 + 11 + 33 =$ ____________

2. $56 + 45 + 47 =$ ____________

3. $(55 + 56)99 - 46 =$ ____________

4. $17 - (-64) - (-43) =$ ____________

5. $(-70) - 34 - 44 =$ ____________

6. $94 + 83 - 79 + 79 =$ ____________

7. $79 - (-63) - 58 =$ ____________

8. $11 \times (24 + 39) =$ ____________

9. $(97 + 24) \times (14 + 31) =$ ____________

10. $16 \times (11 - 59) =$ ____________

SUMMER MATH SUCCESS

Name: ______________ Class: __________

PEDMAS
Find the solution.

1. $(12^2) \times (84^2) + 50 =$ ______________

2. $89 + (-4) + 94 =$ ______________

3. $(82 + 89)(43 - 30) =$ ______________

4. $55 + 92 + 86 =$ ______________

5. $52 + (-22) + (-33) =$ ______________

6. $(-6) - 49 + (-32) =$ ______________

7. $42 + (-69) - 30 =$ ______________

8. $6 \times 6 \times 31 =$ ______________

9. $90 + (-86 + 30) =$ ______________

10. $16 + 55(75 + 42) =$ ______________

SUMMER MATH SUCCESS

Name: ____________ Class: ________

PEDMAS
Find the solution.

1. $72 + (-81) - 4 =$ ____________

2. $20 + 93 - 95 =$ ____________

3. $92 + (46 + 22) =$ ____________

4. $(-55) - 6 - (-8) =$ ____________

5. $(55 + 81)78 - 44 =$ ____________

6. $58 + (13 \times 9) =$ ____________

7. $53 \times 73 \times 87 =$ ____________

8. $55 + (-13) - 63 =$ ____________

9. $(-47) + 6 + 95 =$ ____________

10. $(58 \times 56) - (55 + 2) =$ ____________

SUMMER MATH SUCCESS

Name: ____________ Class: ________

PEDMAS

Find the solution.

1. $34 + 20^2 + 37 + 22^2 =$ ____________________

2. $(-83) + (-65) + 48 =$ ____________________

3. $30 + 91 + 81 =$ ____________________

4. $21 + 78(68 + 84) =$ ____________________

5. $27 - (-91) - 56 =$ ____________________

6. $46 + 89^2 + 96 + 87^2 =$ ____________________

7. $66 \times (1 + 4) =$ ____________________

8. $(96 + 29) \times (24 + 54) =$ ____________________

9. $(43 + 47)(16 + 18) =$ ____________________

10. $15 + 3 - 54 =$ ____________________

SUMMER MATH SUCCESS

Name: ________________ Class: __________

PEDMAS
Find the solution.

1. $33 \times 58 =$ ________________
2. $73 - (-97) - 11 =$ ________________
3. $(55 \times 51) - (2 + 41) =$ ________________
4. $83 + 67 + 20 + 34 =$ ________________
5. $(25 + 55) \div 41 =$ ________________
6. $93 \times (87 + 45) =$ ________________
7. $(-65) - 4 + (-64) =$ ________________
8. $66 + 31 + 91 + 15 =$ ________________
9. $15 + 82(48 + 50) =$ ________________
10. $(-60) - 2 + 27 =$ ________________

SUMMER MATH SUCCESS

Name: ____________ Class: ________

PEDMAS
Find the solution.

1. $(20 + 86)(16 - 43) =$ ____________

2. $17 + 10 + 1 =$ ____________

3. $(54 + 40)(20 + 9) =$ ____________

4. $(-77) - 69 - 92 =$ ____________

5. $42 + 6 + 95 + 40 =$ ____________

6. $69 + 54 + 91 =$ ____________

7. $23 \times 66 =$ ____________

8. $93 + 11 + 61 =$ ____________

9. $85 \times (89 + 36) =$ ____________

10. $55 + 52(1 + 88) =$ ____________

SUMMER MATH SUCCESS

Name: ____________ Class: ________

PEDMAS
Find the solution.

1. $82 + 18 + 46 =$ ____________

2. $95 + (78 - 9) =$ ____________

3. $(52 + 37)(52 + 95) =$ ____________

4. $62 - (-82) - 96 =$ ____________

5. $21 \times (23 - 32) =$ ____________

6. $56(-25 + 11) =$ ____________

7. $(18 + 85)(67 - 8) =$ ____________

8. $88 \times (79 + 46) =$ ____________

9. $97 + 29 - 24 =$ ____________

10. $(42^2) \times (96^2) + 7 =$ ____________

SUMMER MATH SUCCESS

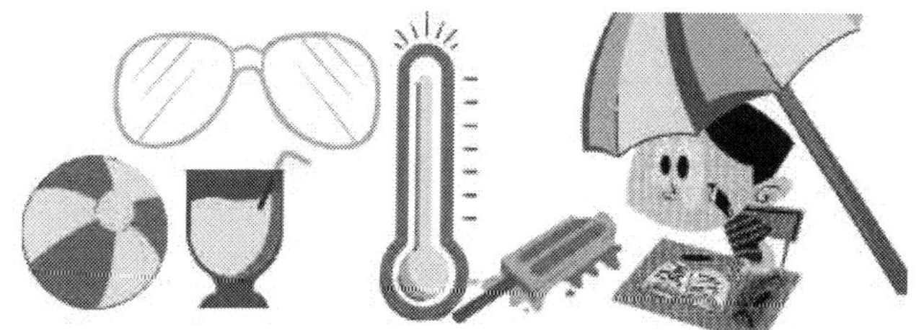

Name: ____________ Class: ________

PEDMAS
Find the solution.

1. $1 + 6 - 26 =$ ____________

2. $7 - (-50) - (-25) =$ ____________

3. $54 \times 40 + 42 =$ ____________

4. $48 + (-37 + 78) =$ ____________

5. $34 + 15 + 11 =$ ____________

6. $57 \times (16 + 32) =$ ____________

7. $12 + 23 + 14 + 10 =$ ____________

8. $(-99) - 56 + 87 =$ ____________

9. $(92 + 37) \div 47 =$ ____________

10. $67 + 90^2 + 18 + 30^2 =$ ____________

SUMMER MATH SUCCESS

Name: ____________ Class: ________

PEDMAS

Find the solution.

1. $99 \times 48 + 69 =$ ____________

2. $18 + 69^2 =$ ____________

3. $68 \times 65 =$ ____________

4. $(-8) + 50 - (-75) =$ ____________

5. $(69 + 62)(5 + 90) =$ ____________

6. $7 \times (70 + 20) =$ ____________

7. $57(87 + 7) =$ ____________

8. $72(-52 + 31) =$ ____________

9. $7 - 45 - (-66) =$ ____________

10. $48 \times 8 + 94 =$ ____________

SUMMER MATH SUCCESS

Name: ______________ Class: __________

PEDMAS
Find the solution.

1. $(69 + 82)^2 + (60 + 40)^2 =$ ______________
2. $42 \times 61 \times 71 =$ ______________
3. $63 + 76 + 96 =$ ______________
4. $93 \times (53 - 38) =$ ______________
5. $85 + 69 - (-11) =$ ______________
6. $48 \times 17 =$ ______________
7. $(-63) - 73 - (-3) =$ ______________
8. $20 \times 57 \times 14 =$ ______________
9. $(7^2) \times (38^2) + 30 =$ ______________
10. $15(74 - 80) =$ ______________

SUMMER
MATH SUCCESS

Name: ________________ Class: __________

PEDMAS
Find the solution.

1. $73 + (-4) + 71 =$ ______________________

2. $12 + 2 - 90 + 99 =$ ______________________

3. $53 - 78 - (-20) =$ ______________________

4. $(62 + 35) \div 24 =$ ______________________

5. $96 + 21^2 + 49 + 25^2 =$ ______________________

6. $(47 + 34)5 - 31 =$ ______________________

7. $(56^2) \times (88^2) + 96 =$ ______________________

8. $(42^2) \times (11^2) + 3 =$ ______________________

9. $4 + 67 + 44 =$ ______________________

10. $98(36 + 28) =$ ______________________

SUMMER
MATH SUCCESS

Name: ____________ Class: ________

PEDMAS
Find the solution.

1. $(55 + 18)^2 =$ ____________

2. $20 + 59(54 + 14) =$ ____________

3. $69 + 99(66 + 78) =$ ____________

4. $84(14 - 18) =$ ____________

5. $15(75 + 70) =$ ____________

6. $(90^2) \times (88^2) + 95 =$ ____________

7. $(85 + 34) \times (21 + 27) =$ ____________

8. $8 + 7 + 97 =$ ____________

9. $(-21) + (-1) + 80 =$ ____________

10. $35 \times 18 \times 65 =$ ____________

SUMMER MATH SUCCESS

Name: ______________ Class: __________

PEDMAS
Find the solution.

1) $33 + (-57) + 43 =$ ______________

2) $(4^2) \times (81^2) + 84 =$ ______________

3) $(73 + 74) \times (22 + 27) =$ ______________

4) $43 + (-91) - (-3) =$ ______________

5) $34 \times (91 - 13) =$ ______________

6) $(-53) - 57 - 92 =$ ______________

7) $69(-20 + 31) =$ ______________

8) $61 + 19 - 60 + 98 =$ ______________

9) $81(-97 + 49) =$ ______________

10) $(40^2) \times (41^2) + 6 =$ ______________

SUMMER MATH SUCCESS

Name: ________________ Class: __________

PEDMAS

Find the solution.

1. $(14^2) \times (90^2) + 23 =$ ________________
2. $62 + 17 + 99 + 87 =$ ________________
3. $10 + 97 - 91 =$ ________________
4. $97(29 + 25) =$ ________________
5. $2 + 95 + 24 + 44 =$ ________________
6. $(-83) - 4 + (-75) =$ ________________
7. $26 \times (81 + 86) =$ ________________
8. $38 \times 5 \times 14 =$ ________________
9. $(-45) + 21 - (-48) =$ ________________
10. $51 + 41 - (-56) =$ ________________

SUMMER MATH SUCCESS

Name: ____________ Class: ________

PEDMAS
Find the solution.

1. $(43 \times 49) - (9 + 58) =$ ____________

2. $64 + 87 + 74 =$ ____________

3. $40 + 59^2 + 33 + 34^2 =$ ____________

4. $52 + (-79 + 32) =$ ____________

5. $4 + (84 - 58) =$ ____________

6. $3 \times (55 + 66) =$ ____________

7. $62 + 47 + 51 =$ ____________

8. $(-41) + 87 + 11 =$ ____________

9. $83 \times 25 =$ ____________

10. $28 + 46 - 2 =$ ____________

SUMMER MATH SUCCESS

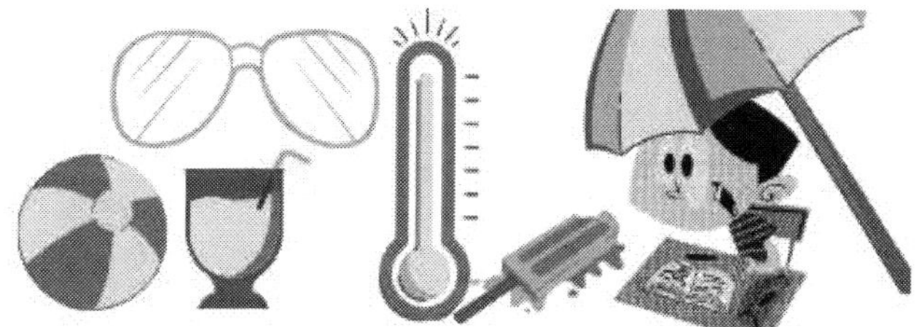

Name: ______________ Class: __________

PEDMAS
Find the solution.

1. $8 \times (91 - 9) =$ ______________
2. $23 \times (90 + 36) =$ ______________
3. $(86^2) \times (67^2) + 12 =$ ______________
4. $39 + 79 + 27 =$ ______________
5. $(44^2) \times (76^2) + 95 =$ ______________
6. $98 + (-67) + 71 =$ ______________
7. $54 + (4 + 50) =$ ______________
8. $(13 + 13)31 - 12 =$ ______________
9. $86 \times 91 + 93 =$ ______________
10. $66 + (56 + 12) =$ ______________

SUMMER MATH SUCCESS

Name: ____________ Class: ________

PEDMAS

Find the solution.

1. $58 + (-16) + (-8) =$ ____________

2. $23 + (95 + 22) =$ ____________

3. $(11 + 43)(39 + 62) =$ ____________

4. $75 + (-95) + 54 =$ ____________

5. $96 + 94 - (-79) =$ ____________

6. $77 \times 11 =$ ____________

7. $5 \times 44 \times 93 =$ ____________

8. $1 \times (56 - 27) =$ ____________

9. $27 + (-30 + 24) =$ ____________

10. $22 \times (41 - 56) =$ ____________

SUMMER MATH SUCCESS

Name: ____________ Class: ____________

PEDMAS

Find the solution.

1. $81(50 - 28) =$ ____________

2. $94 + 37(57 + 42) =$ ____________

3. $23 + (-60) + 75 =$ ____________

4. $64 + 9 + 92 =$ ____________

5. $(32 \times 4) - (57 + 60) =$ ____________

6. $80 \times (96 - 65) =$ ____________

7. $97 + 89 - (-3) =$ ____________

8. $82 \times 14 + 2 =$ ____________

9. $17 \times (48 + 6) =$ ____________

10. $97 + 74 + 69 + 95 =$ ____________

SUMMER MATH SUCCESS

Name: ________________ Class: __________

PEDMAS
Find the solution.

1. $65 + 92 - 40 + 81 =$ ______________________

2. $(48 + 3)(35 + 37) =$ ______________________

3. $25 + 13^2 + 50 + 66^2 =$ ______________________

4. $91(-48 + 46) =$ ______________________

5. $80 \times 36 \times 41 =$ ______________________

6. $94 \times 18 + 62 =$ ______________________

7. $2 \times 95 \times 13 =$ ______________________

8. $53(68 + 61) =$ ______________________

9. $(-84) - 97 - 90 =$ ______________________

10. $27 \times 77 \times 96 =$ ______________________

SUMMER
MATH SUCCESS

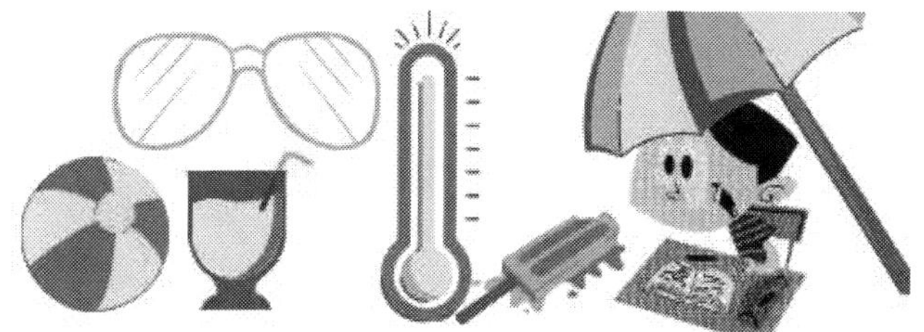

Name: ______________ Class: ________

PEDMAS

Find the solution.

1. $(-57) + 45 - (-73) =$ ____________________

2. $(71^2) \times (95^2) + 28 =$ ____________________

3. $81 \times 55 + 28 =$ ____________________

4. $93(83 - 99) =$ ____________________

5. $(64 + 97)(27 + 29) =$ ____________________

6. $(79^2) \times (42^2) + 51 =$ ____________________

7. $(39^2) \times (35^2) + 85 =$ ____________________

8. $73 + 70 - 64 =$ ____________________

9. $(11 + 55)^2 =$ ____________________

10. $8 + (16 \times 72) =$ ____________________

SUMMER MATH SUCCESS

Name: ____________ Class: ________

PEDMAS

Find the solution.

1. $17 + (35 \times 99) =$ ____________

2. $83 \times (14 + 28) =$ ____________

3. $(-73) - 93 - (-46) =$ ____________

4. $91 - (-90) - 3 =$ ____________

5. $(20 + 22)(15 + 72) =$ ____________

6. $72 + 4^2 + 7 + 85^2 =$ ____________

7. $72 + (-74) + 40 =$ ____________

8. $(56 + 44)(36 - 98) =$ ____________

9. $13 + 59 - 59 + 49 =$ ____________

10. $(-81) + 77 - 94 =$ ____________

SUMMER
MATH SUCCESS

Name: ________________ Class: __________

PEDMAS
Find the solution.

1. $81 \times (48 + 28) =$ ______________________

2. $79 + (36 \times 66) =$ ______________________

3. $96 + 76^2 + 91 + 80^2 =$ ______________________

4. $84 + 43 + 95 =$ ______________________

5. $(-43) - 40 + 78 =$ ______________________

6. $30 \times 60 \times 34 =$ ______________________

7. $(87^2) \times (43^2) + 9 =$ ______________________

8. $(25^2) \times (26^2) + 99 =$ ______________________

9. $16 + 85^2 + 82 + 48^2 =$ ______________________

10. $69 + 48(10 + 14) =$ ______________________

SUMMER MATH SUCCESS

Name: ______________ Class: __________

PEDMAS
Find the solution.

1. $97 \times 10 + 80 =$ ______________

2. $(5 + 44)50 - 77 =$ ______________

3. $8 + (77 + 28) =$ ______________

4. $73 + 81 - 73 + 23 =$ ______________

5. $(2 + 80)^2 + (21 + 80)^2 =$ ______________

6. $(-15) - 28 - (-22) =$ ______________

7. $(32 + 74)^2 =$ ______________

8. $(30^2) \times (80^2) + 68 =$ ______________

9. $44(-70 + 12) =$ ______________

10. $83 \times 41 + 25 =$ ______________

SUMMER MATH SUCCESS

Name: ____________ Class: ________

PEDMAS
Find the solution.

1. $(71^2) \times (82^2) + 40 =$ ____________

2. $34 + 2^2 + 73 + 7^2 =$ ____________

3. $(-38) - 56 + (-13) =$ ____________

4. $(48 + 45) \times (69 + 65) =$ ____________

5. $(36^2) \times (51^2) + 24 =$ ____________

6. $75 + 7^2 + 7 + 96^2 =$ ____________

7. $93 \times 87 =$ ____________

8. $49 + 13 + 55 + 94 =$ ____________

9. $85 + 61 - 10 =$ ____________

10. $(39^2) \times (82^2) + 58 =$ ____________

SUMMER MATH SUCCESS

Name: ____________ Class: ________

PEDMAS
Find the solution.

1. $(29 + 77) \div 25 =$ ____________

2. $49 + 62^2 + 80 + 69^2 =$ ____________

3. $87 \times 66 =$ ____________

4. $26 + 64 + 66 =$ ____________

5. $77 + (94 - 91) =$ ____________

6. $(22 \times 46) - (79 + 21) =$ ____________

7. $(77 + 46)(73 + 66) =$ ____________

8. $87 + 10 + 5 =$ ____________

9. $44(-61 + 77) =$ ____________

10. $(-9) - 37 + (-42) =$ ____________

SUMMER MATH SUCCESS

Name: ____________ Class: ________

PEDMAS
Find the solution.

1. $72(-56 + 94) =$ ____________

2. $93 \times (83 + 97) =$ ____________

3. $98 \times 26 + 21 =$ ____________

4. $91 + (44 - 95) =$ ____________

5. $(81^2) \times (55^2) + 11 =$ ____________

6. $(-38) - 40 + 58 =$ ____________

7. $37 + 8 + 11 + 58 =$ ____________

8. $89 - 22 - (-43) =$ ____________

9. $12 \times 37 =$ ____________

10. $20 \times (34 - 41) =$ ____________

SUMMER MATH SUCCESS

Name: ____________ Class: ________

PEDMAS
Find the solution.

1. $62 + (52 - 88) =$ ______________

2. $46 + 98 + 28 =$ ______________

3. $84 + 4^2 =$ ______________

4. $61 + 49(66 + 74) =$ ______________

5. $(-69) - 84 - (-12) =$ ______________

6. $15 + 66^2 =$ ______________

7. $(72 + 50)^2 =$ ______________

8. $(71 + 61) \div 79 =$ ______________

9. $91 + (-80 + 44) =$ ______________

10. $30 + (-10 + 57) =$ ______________

SUMMER MATH SUCCESS

Name: ________________ Class: __________

PEDMAS
Find the solution.

1. $23 + (-16) - (-28) =$ ______________________

2. $34 + (-58 + 84) =$ ______________________

3. $74(72 + 46) =$ ______________________

4. $2(13 - 87) =$ ______________________

5. $(44^2) \times (20^2) + 66 =$ ______________________

6. $50 \times (85 + 82) =$ ______________________

7. $60 + (-9 + 2) =$ ______________________

8. $68 \times 18 + 27 =$ ______________________

9. $(50^2) \times (61^2) + 5 =$ ______________________

10. $42 \times 37 \times 78 =$ ______________________

SUMMER MATH SUCCESS

Name: ______________ Class: __________

PEDMAS

Find the solution.

1. $6(72 + 83) =$ ____________

2. $9 - (-45) - (-66) =$ ____________

3. $56(25 + 57) =$ ____________

4. $87 \times (6 + 63) =$ ____________

5. $(97 + 61)43 - 54 =$ ____________

6. $(97 \times 1) - (83 + 97) =$ ____________

7. $(80 + 33)^2 + (36 + 68)^2 =$ ____________

8. $(-63) + 59 - (-42) =$ ____________

9. $22 + (70 - 32) =$ ____________

10. $6 + 58 + 61 =$ ____________

SUMMER MATH SUCCESS

Name: ____________ Class: ________

PEDMAS

Find the solution.

1. $49 - (-72) - (-74) =$ ____________

2. $56 + (-84) - (-79) =$ ____________

3. $95 + (-37) + 43 =$ ____________

4. $44 \times 25 =$ ____________

5. $(27 + 72) \times (36 + 16) =$ ____________

6. $45 + 86 + 25 =$ ____________

7. $35 \times 54 + 26 =$ ____________

8. $81 + (-48) + 3 =$ ____________

9. $44 + (-57) - 14 =$ ____________

10. $69 \times 88 =$ ____________

SUMMER MATH SUCCESS

Name: ____________ Class: ________

PEDMAS
Find the solution.

1) $42 + 75^2 + 94 + 63^2 =$ ____________

2) $14 + (-37 + 27) =$ ____________

3) $31 + 92^2 =$ ____________

4) $(-69) - 64 - 96 =$ ____________

5) $59 \times (70 + 25) =$ ____________

6) $(60 + 67)^2 + (25 + 72)^2 =$ ____________

7) $12(27 + 66) =$ ____________

8) $26 + 48 - 25 =$ ____________

9) $44 + (-32) + (-26) =$ ____________

10) $26 + 50 + 21 =$ ____________

SUMMER MATH SUCCESS

Name: ________________ Class: __________

PEDMAS
Find the solution.

1. $27 + 21 + 1 =$ ______________________

2. $25 \times 22 + 41 =$ ______________________

3. $(23 \times 76) - (87 + 19) =$ ______________________

4. $(70 + 17)^2 =$ ______________________

5. $91 - (-31) - (-76) =$ ______________________

6. $50 - 46 - (-38) =$ ______________________

7. $70 \times 5 \times 2 =$ ______________________

8. $6 \times (43 + 48) =$ ______________________

9. $(7 + 14) \div 92 =$ ______________________

10. $77 + 46^2 =$ ______________________

SUMMER
MATH SUCCESS

Name: ________________ Class: __________

PEDMAS
Find the solution.

1. $3 + (-10) + 50 =$ ____________________

2. $38 + 31 - (51 + 40) =$ ____________________

3. $(91 + 36) \div 17 =$ ____________________

4. $(-29) - 84 + 81 =$ ____________________

5. $63 \times 62 \times 17 =$ ____________________

6. $22 + (78 \times 52) =$ ____________________

7. $(18 + 9)(49 + 46) =$ ____________________

8. $30 + (58 \times 70) =$ ____________________

9. $79(11 - 97) =$ ____________________

10. $31 + (-31) - (-25) =$ ____________________

SUMMER MATH SUCCESS

Name: ____________ Class: ________

PEDMAS
Find the solution.

1. $56(-60+18) =$ ______________________

2. $(45+68) \div 28 =$ ______________________

3. $44+77^2+78+67^2 =$ ______________________

4. $73(6+95) =$ ______________________

5. $(-53)-64-(-20) =$ ______________________

6. $79+61^2 =$ ______________________

7. $(72^2) \times (30^2)+94 =$ ______________________

8. $(5+85)(4-61) =$ ______________________

9. $(47 \times 94)-(66+64) =$ ______________________

10. $54+(66-54) =$ ______________________

SUMMER MATH SUCCESS

Name: ____________ Class: ____________

PEDMAS

Find the solution.

1. $(-53) - 64 - (-52) =$ ____________

2. $18 \times 39 \times 15 =$ ____________

3. $31 + 33^2 =$ ____________

4. $88 \times 51 =$ ____________

5. $(26 + 37)(28 + 52) =$ ____________

6. $75(14 + 84) =$ ____________

7. $(-22) + 33 - (-77) =$ ____________

8. $13 - 24 - (-2) =$ ____________

9. $(19 \times 54) - (9 + 61) =$ ____________

10. $(79 + 7)(66 + 58) =$ ____________

SUMMER
MATH SUCCESS

Name: ________________ Class: __________

PEDMAS
Find the solution.

1. $32 + (66 + 15) =$ ____________________

2. $(29 + 15)(59 + 41) =$ ____________________

3. $11 + 99(30 + 81) =$ ____________________

4. $(-18) - 89 - (-7) =$ ____________________

5. $30 + (63 - 34) =$ ____________________

6. $64 - (-31) - 54 =$ ____________________

7. $(52 + 26)^2 + (22 + 92)^2 =$ ____________________

8. $5 + 74 + 53 =$ ____________________

9. $1 + 53 - (-63) =$ ____________________

10. $41 + 14^2 =$ ____________________

SUMMER MATH SUCCESS

Name: ______________ Class: __________

PEDMAS
Find the solution.

1. $8 + (-37) + (-77) =$ ______________

2. $4 \times 74 =$ ______________

3. $(-67) - 22 + 59 =$ ______________

4. $17 + 80 + 76 =$ ______________

5. $(27 + 83)^2 + (7 + 45)^2 =$ ______________

6. $22 + 24 + 41 =$ ______________

7. $6 + 41 + 57 + 37 =$ ______________

8. $89 + 67(64 + 47) =$ ______________

9. $26 + 73 - 76 =$ ______________

10. $(44 + 25)^2 + (82 + 33)^2 =$ ______________

SUMMER MATH SUCCESS

Name: ______________ Class: __________

PEDMAS

Find the solution.

1. $61 \times (37 + 27) =$ ______________

2. $(59 + 74)^2 + (13 + 64)^2 =$ ______________

3. $65 + 99^2 =$ ______________

4. $43 \times 80 + 12 =$ ______________

5. $71 - 48 - (-11) =$ ______________

6. $40 + (-27 + 41) =$ ______________

7. $49 + 82^2 + 73 + 55^2 =$ ______________

8. $94 + (-93) - (-99) =$ ______________

9. $(87^2) \times (59^2) + 7 =$ ______________

10. $24 + 40 - 20 =$ ______________

SUMMER MATH SUCCESS

Name: ________________ Class: __________

PEDMAS
Find the solution.

1. $(79^2) \times (26^2) + 39 =$ ____________________

2. $(53^2) \times (72^2) + 47 =$ ____________________

3. $(38 + 5) \times (61 + 73) =$ ____________________

4. $45 + (-30) - (-12) =$ ____________________

5. $72 + 6 - (-43) =$ ____________________

6. $(33 + 59)(86 + 53) =$ ____________________

7. $57 + 42 - 59 =$ ____________________

8. $23 - (-18) - 49 =$ ____________________

9. $(80 + 20)^2 =$ ____________________

10. $80 \times 2 \times 38 =$ ____________________

SUMMER
MATH SUCCESS

Name: ____________ Class: ________

PEDMAS
Find the solution.

1. $2 \times 63 + 66 =$ ____________

2. $75(33 + 51) =$ ____________

3. $19 + 24 - 87 =$ ____________

4. $5 \times 30 \times 64 =$ ____________

5. $8 + 54 - (-37) =$ ____________

6. $(-66) - 16 + 35 =$ ____________

7. $23 \times 67 + 19 =$ ____________

8. $(-25) - 59 + (-36) =$ ____________

9. $54 \times 41 + 41 =$ ____________

10. $79 + (75 - 86) =$ ____________

Name: ________________ Class: __________

ANSWERS

Page 1: PEDMAS

1. 55 2. 151 3. 144 4. 8,850
5. -39 6. -128 7. 2,269 8. 5,729
9. 48,608,802 10. 4

Page 2: PEDMAS

1. -1,344 2. 175 3. -637 4. 156 5. 1.3 6. 2,112
7. 65 8. 96 9. -68 10. 46

Page 3: PEDMAS

1. 61 2. 5,120 3. 1,822,539 4. 242
5. -79 6. 28 7. 32 8. 37
9. 281 10. 56

Page 4: PEDMAS

1. 4.1 2. 8 3. 174 4. -63
5. 11 6. -145 7. 115 8. 10,125,198
9. 264 10. 17

Page 5: PEDMAS

1. -12 2. -1,445 3. 3,291 4. 84 5. 2.9
6. 78 7. 5,633 8. 1,655 9. 3.4 10. 135,169

Page 6: PEDMAS

1. 3,444,829 2. 1,287 3. 4,232 4. 164
5. 52 6. -67 7. 0.4 8. 38
9. -73 10. 78

Page 7: PEDMAS

1. 192 2. 5,519 3. 24,336 4. 48 5. 38,777 6. 9,172
7. 50 8. 33 9. 7,300 10. 2,283

SUMMER MATH SUCCESS

Name: ____________ Class: ________

Page 8: PEDMAS

1. 43 **2.** 5,746 **3.** 119 **4.** -11

5. 6,441,531 **6.** 177 **7.** 2,180 **8.** 2,257

9. 1,432,850 **10.** 84

Page 9: PEDMAS

1. 13 **2.** 0.9 **3.** 3,602 **4.** -162

5. 1,408 **6.** 7 **7.** 22,638,599 **8.** 5,185

9. 21,693 **10.** 70

Page 10: PEDMAS

1. -46 **2.** 209 **3.** -31 **4.** 10,700

5. 177 **6.** 1,470 **7.** -36 **8.** 5

9. 6 **10.** 1,270,204

Page 11: PEDMAS

1. 12,100 **2.** 1,410 **3.** 200 **4.** 12 **5.** -62 **6.** 73

7. 60,349 **8.** -90 **9.** 9,120 **10.** 132

Page 12: PEDMAS

1. 157 **2.** 94 **3.** 24,649 **4.** 107

5. 51 **6.** 12,873,777 **7.** 4,816 **8.** 3,400

9. 777 **10.** 0.9

Page 13: PEDMAS

1. 21,609 **2.** 7.1 **3.** 165 **4.** -24 **5.** 4.8

6. 1,313 **7.** 153,696 **8.** 70 **9.** 2,451 **10.** 3.5

Page 14: PEDMAS

1. 39,650 **2.** 6,348 **3.** 19,584 **4.** 118

5. 2,614,704 **6.** 31 **7.** -3,483 **8.** 67

9. 49 **10.** -1,638

SUMMER MATH SUCCESS

Name: ____________ Class: ________

Page 15: PEDMAS

1. -52 2. 101 3. 86 4. 2,180 5. 4,366

6. -42 7. 115 8. 192 9. 233 10. 83,754

Page 16: PEDMAS

1. 2,493 2. 1,924 3. 1,190 4. -31 5. 176

6. 146 7. 30 8. 852,013 9. 3,853 10. 1,456

Page 17: PEDMAS

1. 156 2. 79,560 3. 13 4. 6,491 5. 1,995 6. 4,288

7. -74 8. 7,327 9. -212 10. -88

Page 18: PEDMAS

1. -8 2. 118 3. 7,104 4. -71 5. 40 6. 4,606

7. 48 8. 11,060 9. 663 10. 4,225

Page 19: PEDMAS

1. 5 2. 97 3. 4,454 4. 591

5. 6,580 6. 52 7. 0 8. 5,438,262

9. 1,285 10. -77

Page 20: PEDMAS

1. -53 2. 317 3. 9,576 4. 12,100 5. 130,323

6. -124 7. 25,921 8. 8 9. 2,484 10. 33

Page 21: PEDMAS

1. 3,185 2. 1,224 3. -26 4. 5,251 5. 369 6. 4,736

7. -57 8. 156 9. 4,000 10. 8,640

Page 22: PEDMAS

1. 493 2. 19,177 3. 73 4. 8,331 5. 186

6. 39 7. 480,291 8. 103 9. 3,294 10. 129

SUMMER MATH SUCCESS

Name: ______________ Class: __________

Page 23: PEDMAS

1. -13 2. 5,854 3. -133 4. 110 5. 7,400 6. 18,340
7. 136 8. 0.5 9. 176 10. 300

Page 24: PEDMAS

1. 54 2. 1.3 3. 185 4. -5 5. 178
6. 3,262 7. 132,696 8. -189 9. 44,865 10. -16

Page 25: PEDMAS

1. 5,428 2. 7 3. 5,731,330 4. 135
5. 219 6. 9,025 7. 231 8. 32,240
9. -138 10. 40

Page 26: PEDMAS

1. 20,932 2. 70 3. 7,848 4. 134 5. 6 6. 26
7. 1,558 8. 2,448 9. -11 10. 183

Page 27: PEDMAS

1. -82 2. 145 3. 83 4. 955 5. 106 6. -23 7. 3,168
8. 4,187 9. 340 10. 217

Page 28: PEDMAS

1. 297 2. 14,724 3. 4 4. -32 5. 35,960 6. 202
7. -71 8. 20,404 9. 3,671 10. 2,447

Page 29: PEDMAS

1. 1,155 2. 175 3. 8,611 4. 5,010
5. 10 6. 29,241 7. 51 8. 5
9. -4 10. 1,498,192

Page 30: PEDMAS

1. 3,432 2. 3.8 3. 1,228 4. 64 5. 6,047 6. 336
7. 12,905 8. 39 9. 1.3 10. 3,943

SUMMER MATH SUCCESS

Name: ______________ Class: ________

Page 31: PEDMAS

1. 60 2. 0.7 3. 321 4. 139
5. 329 6. 3,396,734 7. 133 8. 8,904
9. 14 10. 133,893

Page 32: PEDMAS

1. -139 2. 146 3. 5,658 4. -20 5. -131 6. 6,956 7. 2,595
8. 44 9. 2,716 10. 185

Page 33: PEDMAS

1. -109 2. 205 3. 93 4. 11,640 5. 5,698
6. -106 7. 16 8. 55 9. 404,586 10. -94

Page 34: PEDMAS

1. 76 2. 2,212 3. 160 4. 16,081 5. 370,656
6. 28,953 7. 63 8. 105 9. 23,716 10. 1.1

Page 35: PEDMAS

1. 79 2. 116 3. 1,102 4. 7,296
5. 19,558 6. 1,052,719 7. 1,116 8. 7,442,025
9. 4,162 10. 2,665

Page 36: PEDMAS

1. 62 2. 140 3. -59 4. 625 5. 123 6. 165
7. 14,820 8. 61 9. 1,541 10. 131

Page 37: PEDMAS

1. 328 2. 1,325 3. 96 4. 5,091 5. 94 6. 1.2 7. 2,585
8. 216 9. -13 10. 229

Page 38: PEDMAS

1. 154 2. 59 3. 960,489 4. 0.6 5. 3,190
6. 185 7. 126 8. -950 9. 800 10. 160

SUMMER MATH SUCCESS

Name: ______________ Class: __________

Page 39: PEDMAS

1. -15 2. -17 3. -89 4. 2,945 5. 5,880
6. 69 7. 119 8. -75 9. 165 10. 12,613

Page 40: PEDMAS

1. 0.5 2. 20,250,087 3. 22 4. 49,730,776
5. 10,694 6. 314 7. 244 8. 178
9. 107 10. 67

Page 41: PEDMAS

1. 13,256 2. 1 3. 221 4. 7.8 5. 3,168 6. 4,778
7. 211 8. 136 9. 56 10. 80

Page 42: PEDMAS

1. 185,339 2. 75 3. 117 4. 1,377 5. 306
6. 2.1 7. 31 8. 282 9. -441 10. 9,095

Page 43: PEDMAS

1. 31,031 2. 101 3. 270 4. 27 5. 214
6. 2,896 7. 7,052 8. 73,920 9. 185 10. 118,482

Page 44: PEDMAS

1. 7,777 2. -197 3. 59 4. 0.4
5. 31,843,466 6. -98 7. 6,930 8. 1,435
9. 30 10. -73

Page 45: PEDMAS

1. 7,616 2. 13,660,503 3. -11 4. -199
5. 6,951 6. 19,909,493 7. 40,908,827 8. 163
9. -107 10. -510

Page 46: PEDMAS

1. 65,901,970 2. 134 3. 194 4. 188

SUMMER MATH SUCCESS

Name: ______________ Class: __________

5. 207 6. 183 7. -7 8. 4,687
9. 8,474 10. 4,463

Page 47: PEDMAS

1. 71 2. -10 3. 200 4. 40 5. 58 6. 24,388
7. 9,075 8. 2.5 9. 187 10. 1,854

Page 48: PEDMAS

1. 59 2. -114 3. 98 4. 188 5. 900
6. 2,716 7. 7,744 8. 3,759 9. 103 10. 10,157

Page 49: PEDMAS

1. 1,804 2. -88 3. 9,254 4. 6,509 5. 18
6. 138,429 7. 8,580 8. 144 9. 186 10. 6,080

Page 50: PEDMAS

1. 175 2. 10,264 3. 62 4. 32 5. 140 6. 2,988
7. 4,189 8. 662 9. 3,645 10. -3

Page 51: PEDMAS

1. 7,145,021 2. 6,812,155 3. 2,215 4. 16,512
5. 2,732 6. 2,862 7. 10,912 8. 2,829,170
9. 31,898 10. 88

Page 52: PEDMAS

1. 93 2. 148 3. 10,943 4. 124 5. -148 6. 177
7. 84 8. 693 9. 5,445 10. -768

Page 53: PEDMAS

1. 1,016,114 2. 179 3. 2,223 4. 233
5. -3 6. -87 7. -57 8. 1,116
9. 34 10. 6,451

SUMMER MATH SUCCESS

Name: ____________ Class: ________

Page 54: PEDMAS

1. -13 2. 18 3. 160 4. -53 5. 10,564
6. 175 7. 336,603 8. -21 9. 54 10. 3,191

Page 55: PEDMAS

1. 955 2. -100 3. 202 4. 11,877 5. 62 6. 15,632
7. 330 8. 9,750 9. 3,060 10. -36

Page 56: PEDMAS

1. 1,914 2. 159 3. 2,762 4. 204 5. 2.0 6. 12,276
7. -133 8. 203 9. 8,051 10. -35

Page 57: PEDMAS

1. -2,862 2. 28 3. 2,726 4. -238 5. 183 6. 214
7. 1,518 8. 165 9. 10,625 10. 4,683

Page 58: PEDMAS

1. 146 2. 164 3. 13,083 4. 48
5. -189 6. -784 7. 6,077 8. 11,000
9. 102 10. 16,257,031

Page 59: PEDMAS

1. -19 2. 82 3. 2,202 4. 89 5. 60 6. 2,736
7. 59 8. -68 9. 2.7 10. 9,085

Page 60: PEDMAS

1. 4,821 2. 4,779 3. 4,420 4. 117 5. 12,445 6. 630
7. 5,358 8. -1,512 9. 28 10. 478

Page 61: PEDMAS

1. 32,801 2. 181,902 3. 235 4. 1,395 5. 165
6. 816 7. -133 8. 15,960 9. 70,786 10. -90

SUMMER MATH SUCCESS

Name: ____________ Class: ________

Page 62: PEDMAS

1. 140 2. 23 3. -5 4. 4.0
5. 1,211 6. 374 7. 24,285,280 8. 213,447
9. 115 10. 6,272

Page 63: PEDMAS

1. 5,329 2. 4,032 3. 14,325 4. -336
5. 2,175 6. 62,726,495 7. 5,712 8. 112
9. 58 10. 40,950

Page 64: PEDMAS

1. 19 2. 105,060 3. 7,203 4. -45
5. 2,652 6. -202 7. 759 8. 118
9. -3,888 10. 2,689,606

Page 65: PEDMAS

1. 1,587,623 2. 265 3. 16 4. 5,238
5. 165 6. -162 7. 4,342 8. 2,660
9. 24 10. 148

Page 66: PEDMAS

1. 2,040 2. 225 3. 4,710 4. 5 5. 30 6. 363 7. 160
8. 57 9. 2,075 10. 72

Page 67: PEDMAS

1. 656 2. 2,898 3. 33,200,656 4. 145
5. 11,182,431 6. 102 7. 108 8. 794
9. 7,919 10. 134

Page 68: PEDMAS

1. 34 2. 140 3. 5,454 4. 34 5. 269 6. 847
7. 20,460 8. 29 9. 21 10. -330

SUMMER MATH SUCCESS

Name: ____________ Class: ________

Page 69: PEDMAS

1. 1,782 **2.** 3,757 **3.** 38 **4.** 165 **5.** 11 **6.** 2,480 **7.** 189

8. 1,150 **9.** 918 **10.** 335

Page 70: PEDMAS

1. 198 **2.** 3,672 **3.** 4,600 **4.** -182 **5.** 118,080

6. 1,754 **7.** 2,470 **8.** 6,837 **9.** -271 **10.** 199,584

Page 71: PEDMAS

1. 61 **2.** 45,495,053 **3.** 4,483 **4.** -1,488

5. 9,016 **6.** 11,009,175 **7.** 1,863,310 **8.** 79

9. 4,356 **10.** 1,160

Page 72: PEDMAS

1. 3,482 **2.** 3,486 **3.** -120 **4.** 178 **5.** 3,654 **6.** 7,320

7. 38 **8.** -6,200 **9.** 62 **10.** -98

Page 73: PEDMAS

1. 6,156 **2.** 2,455 **3.** 12,363 **4.** 222

5. -5 **6.** 61,200 **7.** 13,995,090 **8.** 422,599

9. 9,627 **10.** 1,221

Page 74: PEDMAS

1. 1,050 **2.** 2,373 **3.** 113 **4.** 104

5. 16,925 **6.** -21 **7.** 11,236 **8.** 5,760,068

9. -2,552 **10.** 3,428

Page 75: PEDMAS

1. 33,895,724 **2.** 160 **3.** -107 **4.** 12,462

5. 3,370,920 **6.** 9,347 **7.** 8,091 **8.** 211

9. 136 **10.** 10,227,262

SUMMER MATH SUCCESS

Name: ______________ Class: __________

Page 76: PEDMAS

1. 4.2 2. 8,734 3. 5,742 4. 156 5. 80 6. 912
7. 17,097 8. 102 9. 704 10. -88

Page 77: PEDMAS

1. 2,736 2. 16,740 3. 2,569 4. 40
5. 19,847,036 6. -20 7. 114 8. 110
9. 444 10. -140

Page 78: PEDMAS

1. 26 2. 172 3. 100 4. 6,921 5. -141 6. 4,371
7. 14,884 8. 1.7 9. 55 10. 77

Page 79: PEDMAS

1. 35 2. 60 3. 8,732 4. -148
5. 774,466 6. 8,350 7. 53 8. 1,251
9. 9,302,505 10. 121,212

Page 80: PEDMAS

1. 930 2. 120 3. 4,592 4. 6,003 5. 6,740 6. -83
7. 23,585 8. 38 9. 60 10. 125

Page 81: PEDMAS

1. 195 2. 51 3. 101 4. 1,100 5. 5,148 6. 156
7. 1,916 8. 36 9. -27 10. 6,072

Page 82: PEDMAS

1. 9,730 2. 4 3. 8,495 4. -229 5. 5,605 6. 25,538
7. 1,116 8. 49 9. -14 10. 97

Page 83: PEDMAS

1. 49 2. 591 3. 1,642 4. 7,569 5. 198 6. 42
7. 700 8. 546 9. 0.2 10. 2,193

SUMMER MATH SUCCESS

Name: ____________ Class: ____________

Page 84: PEDMAS

1. 43 **2.** -22 **3.** 7.5 **4.** -32 **5.** 66,402 **6.** 4,078

7. 2,565 **8.** 4,090 **9.** -6,794 **10.** 25

Page 85: PEDMAS

1. -2,352 **2.** 4.0 **3.** 10,540 **4.** 7,373

5. -97 **6.** 3,800 **7.** 4,665,694 **8.** -5,130

9. 4,288 **10.** 66

Page 86: PEDMAS

1. -65 **2.** 10,530 **3.** 1,120 **4.** 4,488 **5.** 5,040

6. 7,350 **7.** 88 **8.** -9 **9.** 956 **10.** 10,664

Page 87: PEDMAS

1. 113 **2.** 4,400 **3.** 11,000 **4.** -100 **5.** 59 **6.** 41

7. 19,080 **8.** 132 **9.** 117 **10.** 237

Page 88: PEDMAS

1. -106 **2.** 296 **3.** -30 **4.** 173 **5.** 14,804

6. 87 **7.** 141 **8.** 7,526 **9.** 23 **10.** 17,986

Page 89: PEDMAS

1. 3,904 **2.** 23,618 **3.** 9,866 **4.** 3,452

5. 34 **6.** 54 **7.** 9,871 **8.** 100

9. 26,347,696 **10.** 44

Page 90: PEDMAS

1. 4,218,955 **2.** 14,561,903 **3.** 5,762 **4.** 27

5. 121 **6.** 12,788 **7.** 40 **8.** -8

9. 10,000 **10.** 6,080

Page 91: PEDMAS

1. 192 **2.** 6,300 **3.** -44 **4.** 9,600 **5.** 99 **6.** -47 **7.** 1,560

SUMMER MATH SUCCESS

Name: ____________ Class: ________

8. -120 **9.** 2,255 **10.** 68

Made in the USA
Columbia, SC
01 June 2025